Originalausgabe
1. Auflage 2025
© Atrium Verlag AG, Zürich, 2025
(Imprint Atrium Kinderbuch)
Alle Rechte vorbehalten
Konzept & Illustrationen © Lotte Bräuning
Text © Atrium Verlag AG
Nach einer Geschichte von James Krüss © Atrium Verlag AG
Dieses Werk wurde vermittelt durch die Agentur Schuldes.
Druck und Bindung: Livonia Print, Riga
ISBN 978-3-85535-191-6

www.atrium-kinderbuch.com
www.instagram.com/atrium_kinderbuch_verlag

Lotte Bräuning

Das Wimmelbuch der Heidehasen

Nach einer Geschichte von
James Krüss

Atrium Verlag AG · Zürich

Willkommen im Reich der Heidehasen

Genauer gesagt in Obereidorf!

Vor langer Zeit hat ein Autor namens James Krüss eine
Geschichte über ein Hasenreich erfunden, in dem eine Prinzessin ...
Moment, halt, stopp! Jetzt hätte ich dir die Geschichte beinahe
schon erzählt! Dabei ist das doch ein Wimmelbuch! Und in
einem Wimmelbuch bekommt man die Geschichte nicht einfach
so erzählt. Nein, du musst sie dir selbst zusammensuchen.
So etwa wie die Eier an Ostern.

Wie das geht? Halte am besten Ausschau nach den Suchbildern, die du auf jeder Seite
findest, dann wirst du der Geschichte von der Prinzessin schnell folgen können.

Aber das ist nicht alles. In Obereidorf ist nämlich immer was los! Deshalb gibt es auf
jeder Seite noch unglaublich viel anderes zu entdecken. Zum Beispiel:

• Die Pfadfinder machen einen Ausflug. Doch die jungen Hasen sind schwer
  zusammenzuhalten. Kannst du aufpassen, dass keiner verloren geht?

• Die Freundinnen der Prinzessin finden es nicht in Ordnung, dass sie sich ihren
  Ehemann nicht selbst aussuchen darf. Schau mal, was sie vorhaben.

• Findest du die Eichhörnchen auf jeder Seite?

• Gehst du auch gern auf den Jahrmarkt? Was ist deine
  Lieblingsbude in den Bildern?

• Auf den Bildern sind 10 grün gepunktete Eier versteckt.
  Findest du sie?

Viel Spaß beim Lesen, Gucken und Suchen
wünscht dir

Lotte Bräuning

Diese Hasen sind für die Geschichte besonders wichtig. Du kannst
in jedem Bild nach ihnen Ausschau halten.

König Lamprecht der Siebente

Er mag es gerne, wenn
die Dinge einfach ihren
gewohnten Lauf nehmen.

Die Prinzessin

Sie soll den Gewinner des
Gesangswettbewerbs heiraten.
Doch sie nimmt ihr Schicksal
selbst in die Hand.

Lodengrün

Ein junger Hase mit wunderschöner
Stimme. Wenn er nur nicht
immer so trödeln würde …

Otto Lampe

Ein begeisterter Sänger. Mit seinen
großen Ohren wird er Lodengrün noch
sehr nützlich sein.

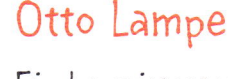

Direktor Wackelohr

Ein ehrgeiziger Hasengeselle, der alles
dafür tut, das zu bekommen, was er will.
Gemeinsam mit dem einflussreichen
Minister für Hasengesang schmiedet er
einen gemeinen Plan, um den Wettbewerb
zu gewinnen.

Karline

Sie wohnt direkt neben
Lodengrün und ist Ottos Tante.
Ihre wachsame Art wird Lodengrün zu
einem grandiosen Lied verhelfen.

Sonnenuhr

Das ist eine Sonnenuhr. Ihr Zeiger
zeigt die Uhrzeit mithilfe der
Sonnenstrahlen an. Auf sie solltest
du besonderes achten.

Das ist Obereidorf! Hier wird jedes Jahr ein großer Gesangswettbewerb veranstaltet. Findest du die Hasen, die ich dir eben vorgestellt habe?

Die Obereidorfer können es kaum glauben: Der Gewinner des diesjährigen Wettbewerbs darf die Prinzessin heiraten! Doch diese ist eigentlich nur an einem ganz bestimmten Hasen interessiert ...
Siehst du, mit wem sie unterwegs ist?

Im Musikverein können sich alle für den Wettbewerb anmelden. Lodengrün gibt direkt eine Kostprobe seiner schönen Stimme. Das passt Musikdirektor Wackelohr und seinem Freund, dem Minister für Hasengesang, gar nicht. Der Musikdirektor möchte schließlich selbst gewinnen. Findest du die drei? Und was macht Otto Lampe da?

Am Abend vor dem großen Auftritt schlummert Lodengrün schon tief und fest. Aber wer schleicht denn hier durch seinen Vorgarten? Nur Nachbarin Karline hat es bemerkt. Doch hat sie auch gesehen, dass Lodengrüns Sonnenuhr verstellt wurde? Oje.

Der große Tag ist gekommen. Alle haben sich versammelt, um den besten Sänger zu küren. Aber, hey, wo ist Lodengrün?
Der Minister und Wackelohr flüstern verdächtig, doch zum Glück hat Otto Lampe so große Ohren und hört alles mit.

Die ersten Hasen treten auf. Währenddessen berichtet Otto Lampe Karline vom belauschten Plan der beiden Halunken. Karline wird klar, was sie nachts in Lodengrüns Garten beobachtet hat. Höchste Zeit, Lodengrün zu holen! Die Prinzessin fragt sich schon, wo zur Karotte er bleibt.

Lodengrün hat verschlafen und macht sich auf den Weg.
Da kommt ihm auch schon Karline entgegen und erzählt ihm
von Wackelohrs gemeinem Plan. Jetzt aber schnell
zur Festwiese! Kannst du Lodengrüns Weg verfolgen?

Völlig außer Puste kommt Lodengrün an der Festwiese an.
Da bleiben Wackelohr auf der Bühne glatt die Töne im Hals stecken.
Zum Glück kann die Prinzessin den König überzeugen, Lodengrün
trotz seiner Verspätung singen zu lassen.

Lodengrüns Lied hat es in sich. Er singt mit schönster
Stimme, was ihm passiert ist, und alle sind begeistert.
Kannst du seine Geschichte nacherzählen?

Das ist ja noch mal gut gegangen! Die Prinzessin und Lodengrün feiern die größte Hochzeit, die es in Obereidorf je gegeben hat. Entdeckst du alle Hasen aus der Geschichte?

Lotte Bräuning studierte an der HAW Hamburg Illustration mit dem Schwerpunkt Kinderbuch. Neben Zeichnungen für Kindermagazine und Kalender gestaltet sie Bilderbücher mit fremden und eigenen Texten. Besonders Geschichten mit Witz und Eigensinn haben es ihr angetan. Sie lebt mit ihrer Familie in Hamburg.

James Krüss, geboren am 31. Mai 1926 auf Helgoland, ist einer der berühmtesten und einfallsreichsten Kinderbuchautoren Deutschlands. Er erhielt zahlreiche Auszeichnungen und ist u. a. Träger des Deutschen Jugendbuchpreises und des Hans-Christian-Andersen-Preises. Er starb 1997 auf Gran Canaria.

Mehr von den Heidehasen

Der
Originaltext
zum
Wimmelbuch

James Krüss
Der Sängerkrieg der Heidehasen.
Ein Singspiel in fünf Bildern.
Mit Musik von Rolf Wilhelm und Schwarz-Weiß-
Illustrationen von Lotte Bräuning
€ 12,00 | ISBN 978-3-85535-684-3